Impressum
Verlag: BABADADA GmbH, Nedderfeld 112 , 22529 Hamburg
Geschäftsführer / Verlagsleitung: Harald Hof
Druck: Books on Demand GmbH, In de Tarpen 42, 22848 Norderstedt

Imprint
Publisher: BABADADA GmbH, Nedderfeld 112 , 22529 Hamburg, Germany
Managing Director / Publishing direction: Harald Hof
Print: Books on Demand GmbH, In de Tarpen 42, 22848 Norderstedt, Germany

escuela
škola

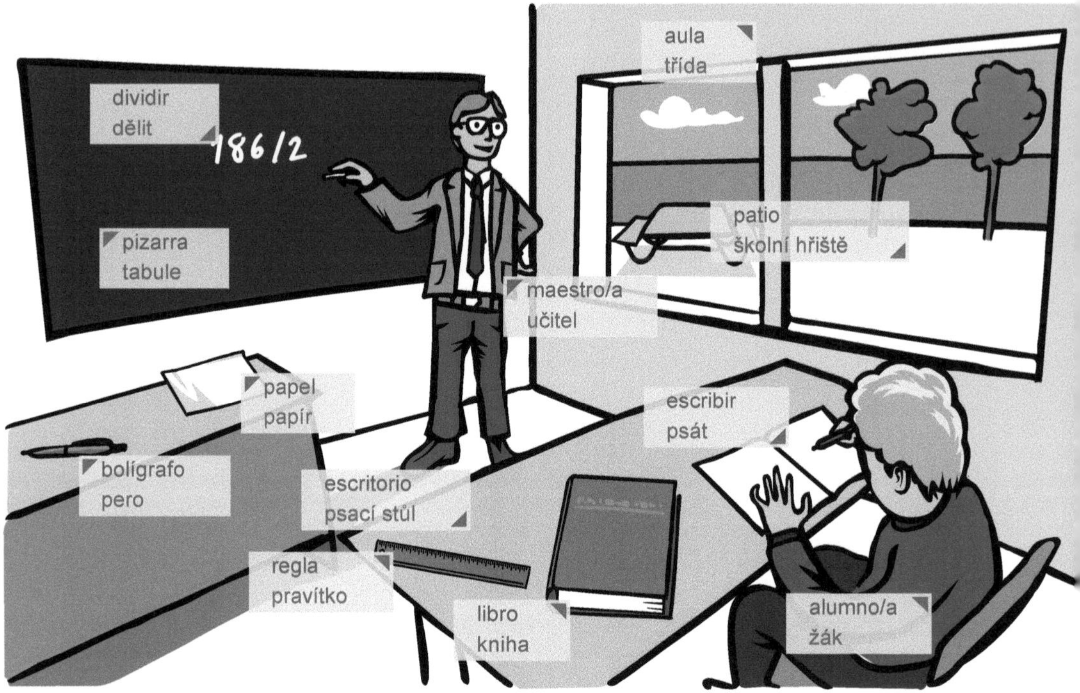
aula
třída
dividir
dělit
186/2
pizarra
tabule
patio
školní hřiště
maestro/a
učitel
papel
papír
escribir
psát
bolígrafo
pero
escritorio
psací stůl
regla
pravítko
libro
kniha
alumno/a
žák

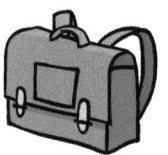

cartera
aktovka

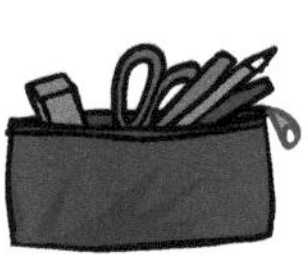

caja de lápices
penál

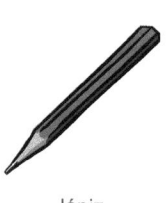

lápiz
tužka

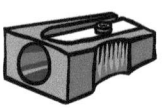

sacapuntas
ořezávátko

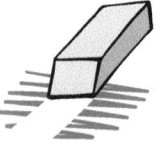

goma de borrar
guma

cuaderno de dibujo
blok na kreslení

dibujo
výkres

pincel
štětec

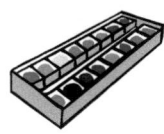

caja de pinturas
malířské potřeby

tijeras
nůžky

pegamento
lepidlo

cuaderno de ejercicios
cvičebnice

deberes
domácí úkol

12

número
počet

2+2

sumar
sčítat

5-2

restar
odčítat

2×2

multiplicar
násobit

calcular
počítat

A

letra
písmeno

ABCDEFG
HIJKLMN
OPQRSTU
VWXYZ

alfabeto
abeceda

hello

palabra
slovo

texto
text

leer
číst

tiza
křída

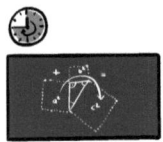

lección
hodina

cuaderno de notas
třídní kniha

examen
zkouška

certificado
vysvědčení

uniforme escolar
školní uniforma

educación
vzdělání

enciclopedia
encyklopedie

universidad
univerzita

microscopio
mikroskop

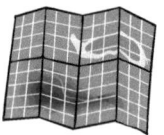

mapa
karta

papelera
odpadkový koš na papír

viaje
cesta

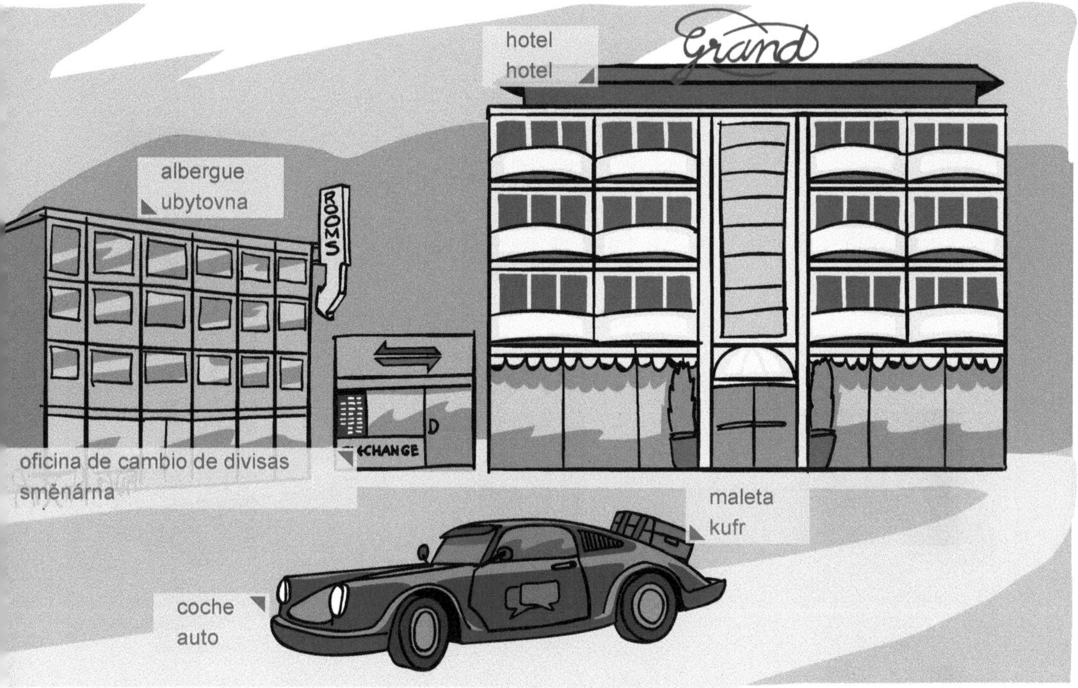

hotel
hotel
Grand
albergue
ubytovna
ROOMS
oficina de cambio de divisas
směnárna
EXCHANGE
maleta
kufr
coche
auto

idioma

jazyk

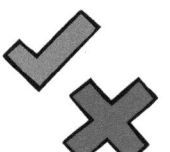

sí / no

ano / ne

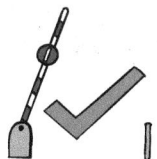

Vale

oukej

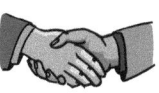

hola

Ahoj!

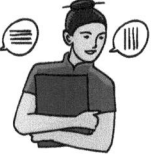

traductor

překladatel

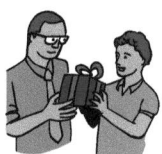

Gracias

děkuji

¿cuánto es…?

Kolik stojí…?

No entiendo

nerozumím

problema

problém

¡Buenas tardes!

Dobrý večer!

¡Buenos días!

Dobré ráno!

¡Buenas noches!

Dobrou noc!

adiós

na shledanou

dirección

směr

equipaje

zavazadlo

bolsa

taška

mochila

batoh

invitado

host

habitación

pokoj

saco de dormir

spací pytel

tienda de campaña

stan

información turística

turistické informace

playa

pláž

tarjeta de crédito

kreditní karta

desayuno

snídaně

almuerzo

oběd

cena

večeře

billete

jízdenka

ascensor

výtah

sello

poštovní známka

frontera

hranice

aduana

clo

embajada

poselství

visa

vízum

pasaporte

pas

transporte

transport

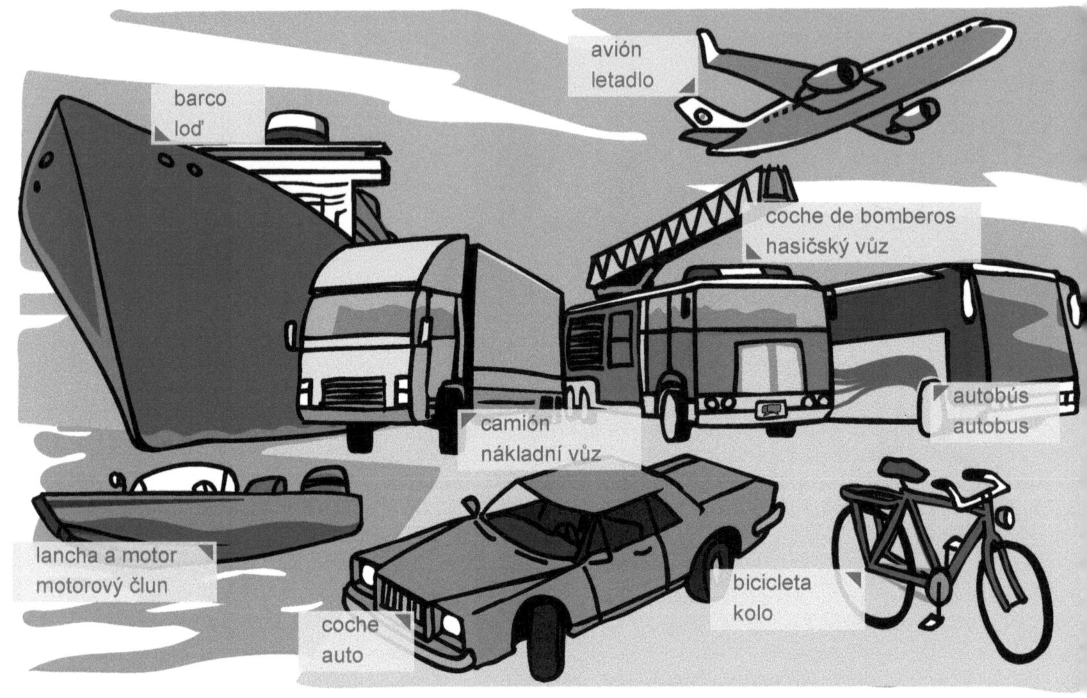
avión
letadlo
barco
loď
coche de bomberos
hasičský vůz
autobús
autobus
camión
nákladní vůz
lancha a motor
motorový člun
bicicleta
kolo
coche
auto

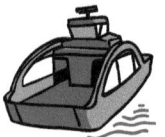

transbordador

přívoz

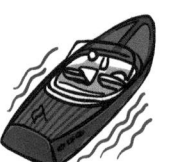

barca

člun

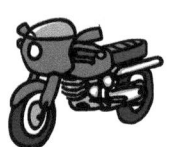

moto

motorka

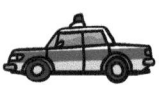

coche de policía

policejní auto

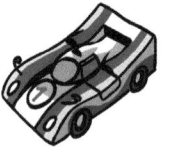

coche de carreras

závodní auto

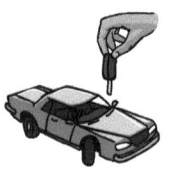

coche de alquiler

pronajaté auto

préstamo de vehículos

sdílení aut

grúa

odtahová služba

camión de la basura

popelářský vůz

motor

motor

gasolina

palivo

gasolinera

čerpací stanice

señal de tráfico

dopravní značka

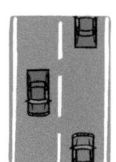

tráfico

doprava

atasco

dopravní zácpa

aparcamiento

parkoviště

estación de tren

vlakové nádraží

vías

koleje

tren

vlak

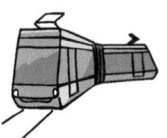

tranvía

tramvaj

vagón

vagón

helicóptero
helikoptéra

aeropuerto
letiště

torre
věž

pasajero
pasažér

contenedor
kontejner

caja de cartón
kartón

carretilla
trakař

cesta
koš

despegar / aterrizar
vzlétnout / přistát

ciudad
město

pueblo
vesnice

centro de ciudad
střed města

casa
dům

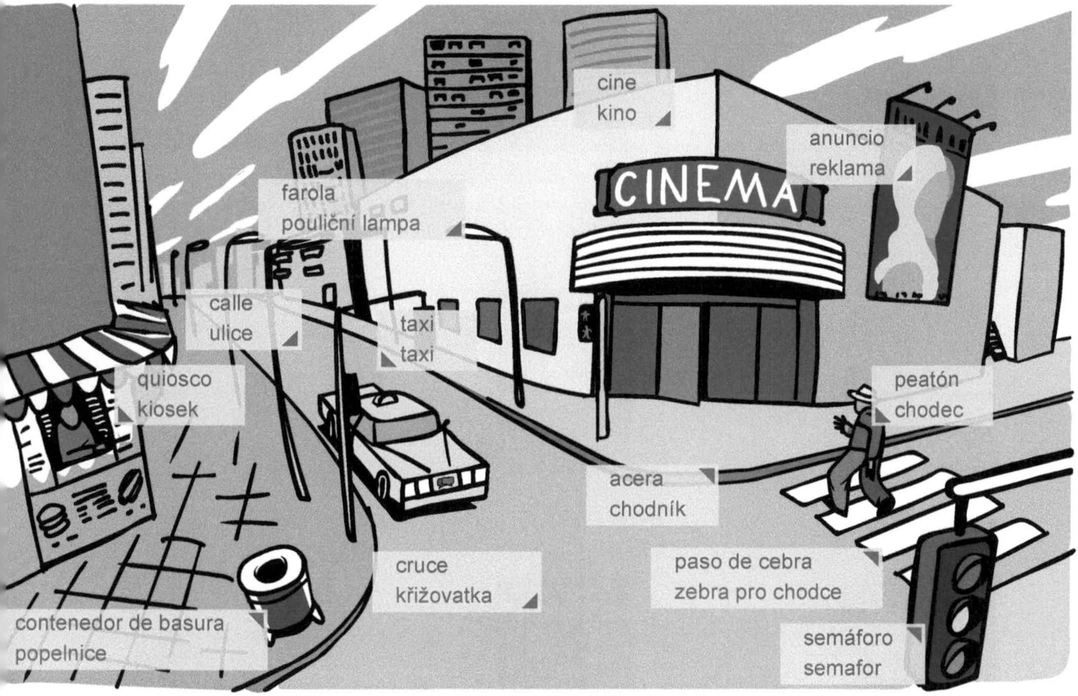

cine
kino

anuncio
reklama

farola
pouliční lampa

CINEMA

calle
ulice

taxi
taxi

quiosco
kiosek

peatón
chodec

acera
chodník

cruce
křižovatka

paso de cebra
zebra pro chodce

contenedor de basura
popelnice

semáforo
semafor

cabaña
chata

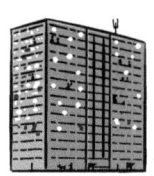

apartamento
byt

estación de tren
vlakové nádraží

ayuntamiento
radnice

museo
muzeum

escuela
škola

universidad

univerzita

banco

banka

hospital

nemocnice

hotel

hotel

farmacia

lékárna

oficina

kancelář

librería

knihkupectví

tienda

obchod

floristería

květinářství

supermercado

supermarket

mercado

tržnice

grandes almacenes

obchodní dům

pescadería

rybárna

centro comercial

nákupní centrum

puerto

přístav

ciudad - město

parque
park

banco
lavička

puente
most

escaleras
schody

metro
metro

túnel
tunel

parada de autobús
autobusová zastávka

bar
bar

restaurante
restaurace

buzón
poštovní schránka

poste indicador
pouliční tabule

parquímetro
parkovací hodiny

zoo
zoo

piscina
plovárna

mezquita
mešita

ciudad - město

granja
usedlost

contaminación
znečišťování životního prostředí

cementerio
hřbitov

iglesia
církev

patio de juego
hřiště

templo
chrám

paisaje
krajina

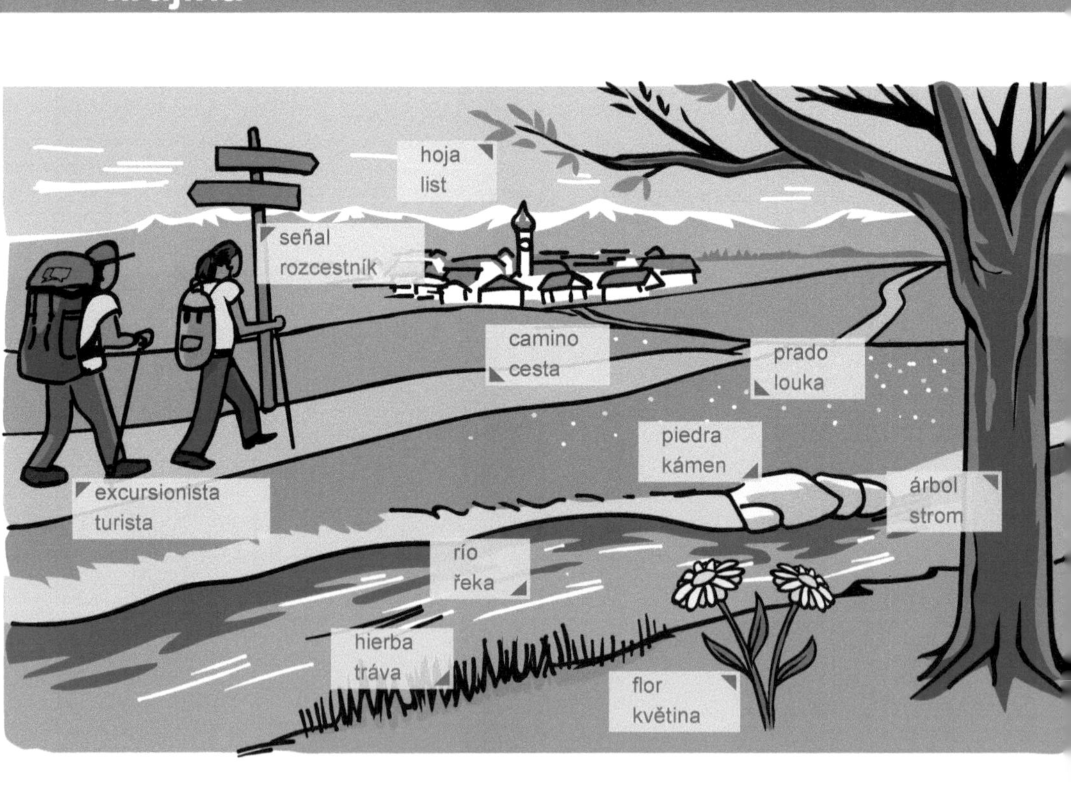

hoja
list

señal
rozcestník

camino
cesta

prado
louka

piedra
kámen

árbol
strom

excursionista
turista

río
řeka

hierba
tráva

flor
květina

valle

údolí

colina

hora

lago

jezero

bosque

les

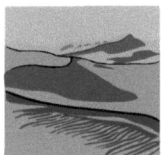

desierto

poušť

volcán

sopka

castillo

zámek

arcoíris

duha

champiñón

houba

palmera

palma

mosquito

komár

mosca

moucha

hormiga

mravenec

abeja

včela

araña

pavouk

escarabajo

brouk

rana

žába

ardilla

veverka

erizo

ježek

liebre

zajíc

lechuza

sova

pájaro

pták

cisne

labuť

jabalí

divoké prase

ciervo

jelen

alce

los

presa

přehrada

turbina eólica

větrné kolo

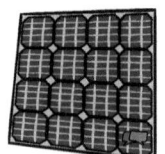

panel solar

solární panel

clima

podnebí

restaurante
restaurace

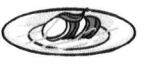

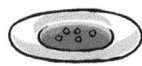

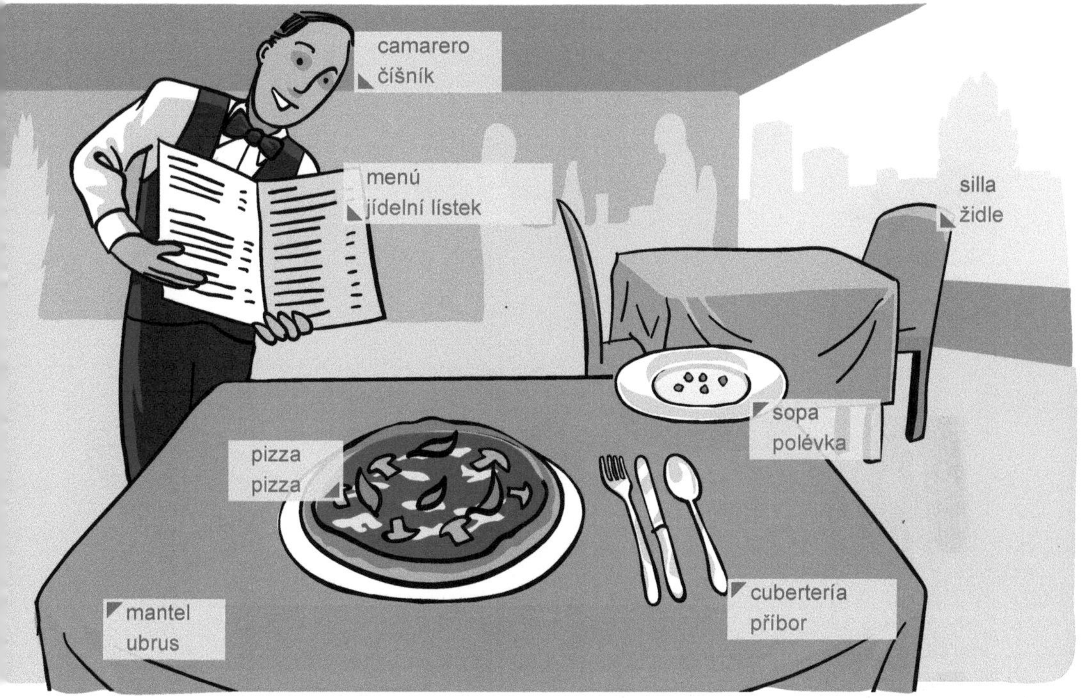
camarero
číšník
menú
jídelní lístek
silla
židle
sopa
polévka
pizza
pizza
mantel
ubrus
cubertería
příbor

primer plato

předkrm

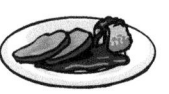

plato principal

hlavní chod

postre

dezert

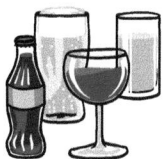

bebidas

nápoje

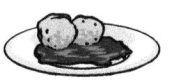

comida

jídlo

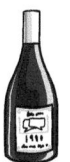

botella

láhev

comida rápida

rychlé občerstvení

comida callejera

pouliční občerstvení

tetera

čajová konvice

azucarero

cukřenka

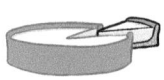

porción

porce

cafetera expreso

kávovar na espresso

trona

dětská stolička

cuenta

faktura

bandeja

tác

cuchillo

nůž

tenedor

vidlička

cuchara

lžíce

cucharilla

čajová lyžička

servilleta

ubrousek

vaso

sklenička

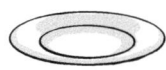

plato
....
talíř

plato hondo
....
talíř na polévku

platillo
....
podšálek

salsa
....
omáčka

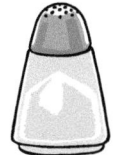

salero
....
slánka

molinillo de pimienta
....
mlýnek na pepř

vinagre
....
ocet

aceite
....
olej

especias
....
koření

ketchup
....
kečup

mostaza
....
hořčice

mayonesa
....
majonéza

supermercado
supermarket

oferta especial
nabídka
cliente
zákazník
lácteos
mléčné výrobky
FOR
fruta
ovoce
carro de la compra
nákupní vozík

BUTCHERS

carnicería

masna

BAKERY

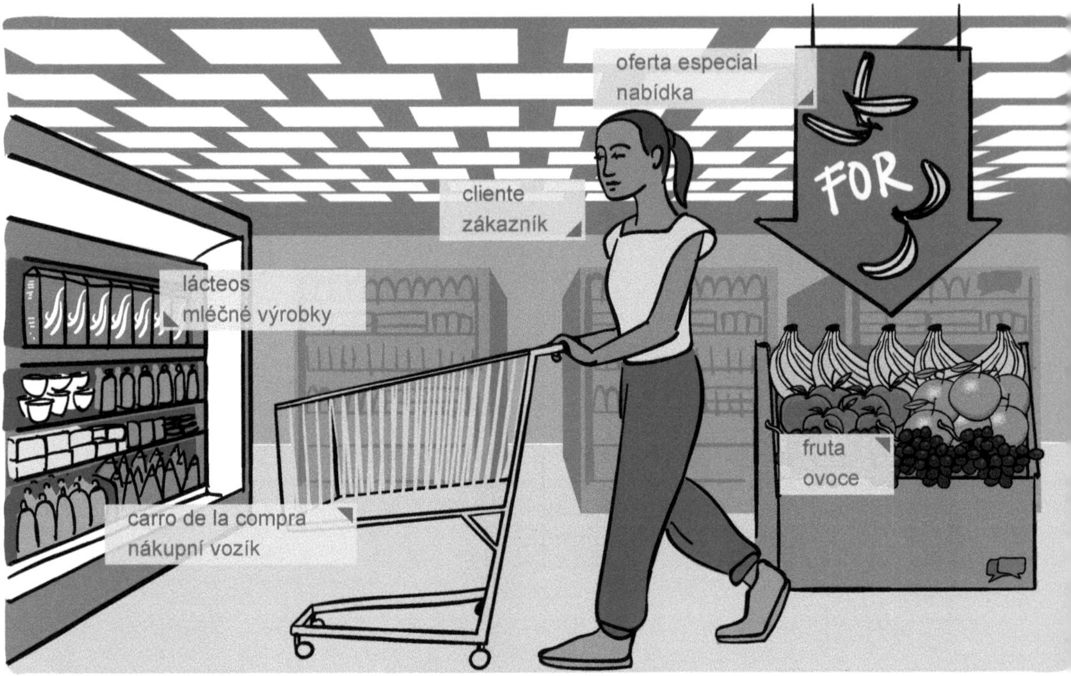

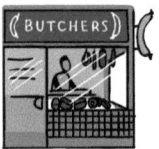

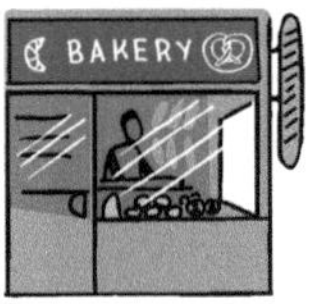

panadería

pekařství

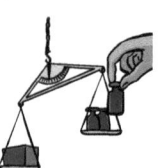

pesar

vážit

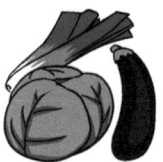

verduras

zelenina

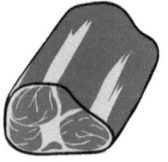

carne

maso

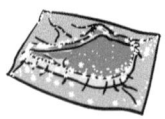

alimentos congelados

mražené potraviny

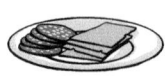

fiambres

obložený talíř

conservas

konzervy

detergente en polvo

prací prášek

dulces

cukrovinky

productos de uso doméstico

výrobky pro domácnost

productos de limpieza

čisticí prostředek

vendedora

prodavačka

caja

pokladna

cajero

pokladní

lista de la compra

nákupní seznam

horario de atención al público

otevírací doba

cartera

peněženka

tarjeta de crédito

kreditní karta

bolsa

taška

bolsa de plástico

igelitová taška

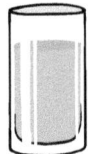

agua

voda

zumo

džus

leche

mléko

cola

kola

vino

víno

cerveza

pivo

alcohol

alkohol

cacao

kakao

té

čaj

café

káva

expreso

espresso

capuchino

kapučíno

plátano

banán

manzana

jablko

naranja

pomeranč

melón

meloun

limón

citrón

zanahoria

mrkev

ajo

česnek

bambú

bambus

cebolla

cibule

champiñón

houba

avellanas

ořechy

fideos

těstoviny

espagueti

špageti

arroz

rýže

ensalada

salát

patatas fritas

hranolky

patatas fritas

americké brambory

pizza

pizza

hamburguesa

hamburger

sándwich

sendvič

filete

řízek

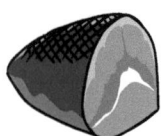

jamón

šunka

salami

salám

salchicha

salám

pollo

kuře

asado

pečeně

pescado

ryby

copos de avena

ovesné vločky

muesli

müsli

copos de maíz

vločky

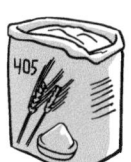

harina

mouka

cruasán

croissant

panecillo

houska

pan

chléb

tostada

toast

galletas

sušenky

mantequilla

máslo

cuajada

tvaroh

pastel

buchta

huevo

vejce

huevo frito

volské oko

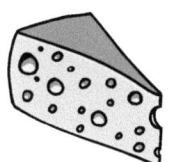

queso

sýr

helado

zmrzlina

azúcar

cukr

miel

med

mermelada

marmeláda

crema de turrón

nugátový krém

curry

kari

granja
usedlost

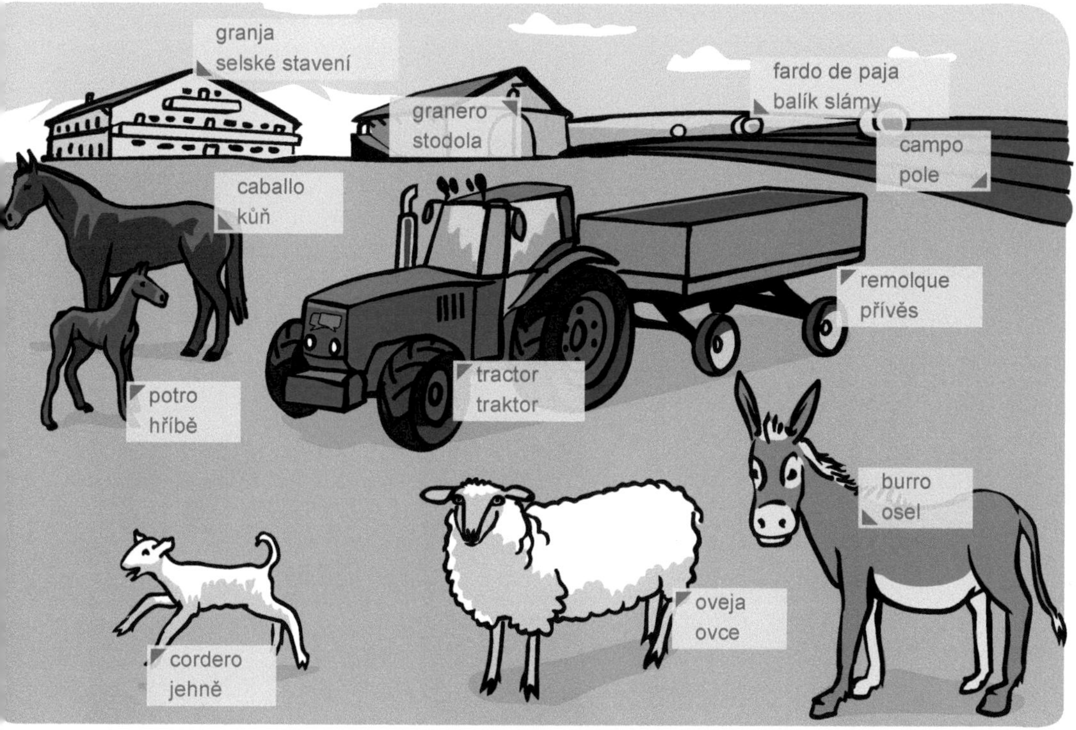
granja
selské stavení
granero
stodola
fardo de paja
balík slámy
campo
pole
caballo
kůň
remolque
přívěs
tractor
traktor
potro
hříbě
burro
osel
oveja
ovce
cordero
jehně

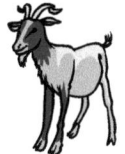

cabra

koza

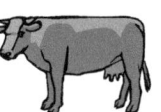

vaca

kráva

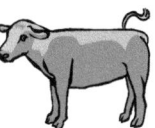

ternero

tele

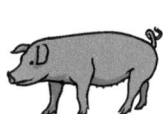

cerdo

prase

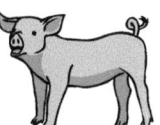

cerdito

sele

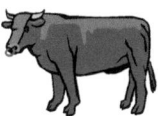

toro

býk

ganso

husa

pato

kachna

pollo

kuře

gallina

slepice

gallo

kohout

rata

krysa

gato

kočka

ratón

myš

buey

vůl

perro

pes

perrera

psí bouda

manguera

zahradní hadice

regadera

kropicí konev

guadaña

kosa

arado

pluh

hoz

srp

azada

motyka

horca

vidle

hacha

sekera

carretilla

kolecko

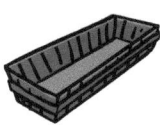

abrevadero

koryto

lechera

konev na mléko

saco

pytel

valla

plot

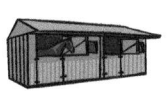

establo

stáj

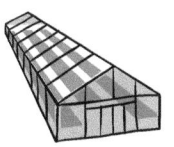

invernadero

skleník

suelo

půda

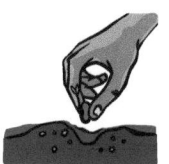

semilla

osivo

fertilizador

hnojivo

cosechadora

kombajn

cosechar

sklidit

cosecha

sklizeň

ñame

smldinec

trigo

pšenice

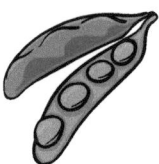

soja

sója

patata

brambora

maíz

kukuřice

semilla de colza

řepka

árbol frutal

ovocný strom

mandioca

maniok

cereales

obilí

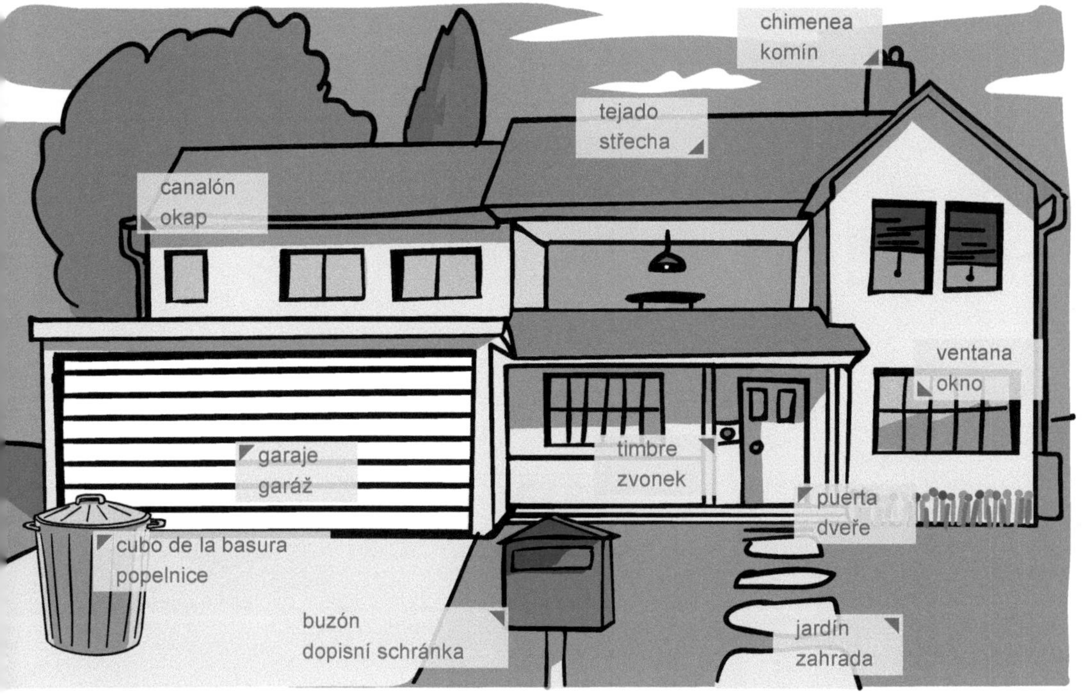

chimenea
komín

tejado
střecha

canalón
okap

ventana
okno

garaje
garáž

timbre
zvonek

puerta
dveře

cubo de la basura
popelnice

buzón
dopisní schránka

jardín
zahrada

sala

obývací pokoj

cuarto de baño

koupelna

cocina

kuchyně

dormitorio

ložnice

habitación de los niños

dětský pokoj

comedor

jídelna

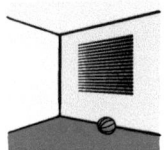

suelo

podlaha

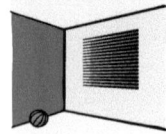

pared

zeď

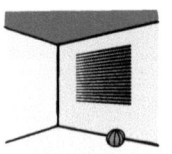

techo

deka

sótano

sklep

sauna

sauna

balcón

balkón

terraza

terasa

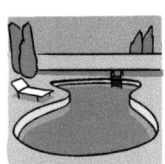

piscina

bazén

cortacésped

sekačka na trávu

sábana

ložní prádlo

colcha

lůžková přikrývka

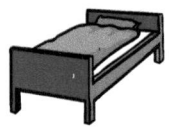

cama

postel

escoba

smeták

balde

kýbl

interruptor

vypínač

sala
obývací pokoj

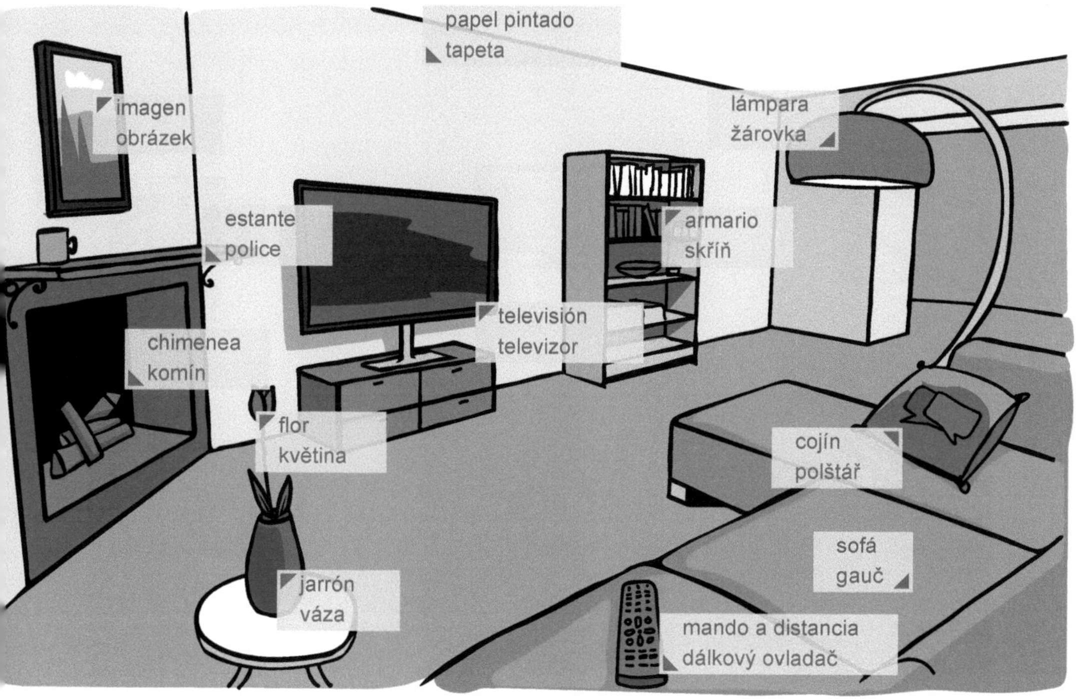

papel pintado
tapeta
imagen
obrázek
lámpara
žárovka
estante
police
armario
skříň
televisión
televizor
chimenea
komín
flor
květina
cojín
polštář
sofá
gauč
jarrón
váza
mando a distancia
dálkový ovladač

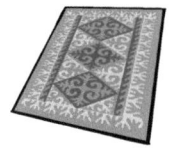

alfombra

koberec

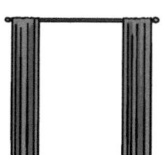

cortina

závěs

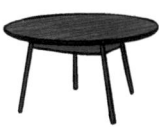

mesa

stůl

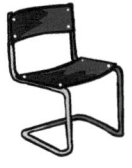

silla

židle

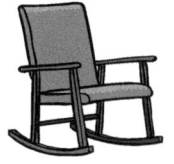

mecedora

houpací křeslo

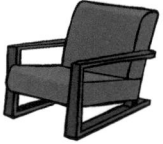

butaca

křeslo

libro

kniha

manta

strop

decoración

ozdoba

leña

palivové dříví

película

film

equipo de música

stereo souprava

llave

klíč

periódico

noviny

pintura

malba

póster

plakát

radio

rádio

cuaderno

poznámkový blok

aspiradora

vysavač

cactus

kaktus

vela

svíce

cocina
kuchyně

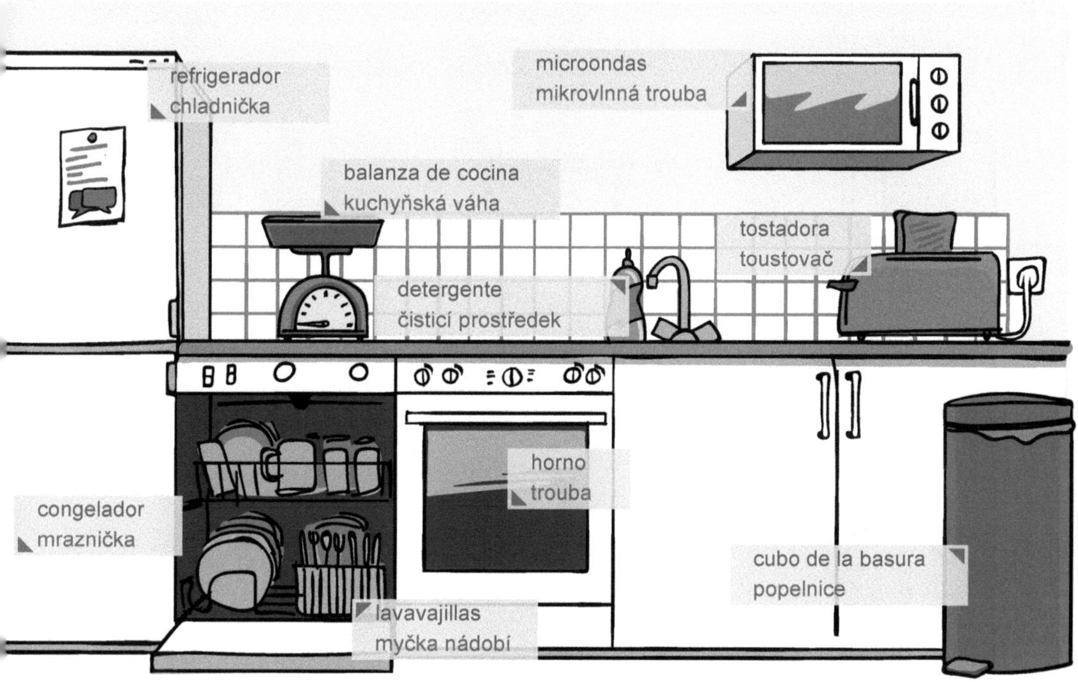

refrigerador
chladnička
microondas
mikrovlnná trouba
balanza de cocina
kuchyňská váha
tostadora
toustovač
detergente
čisticí prostředek
horno
trouba
congelador
mraznička
cubo de la basura
popelnice
lavavajillas
myčka nádobí

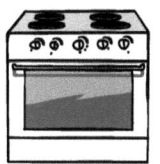

olla a presión

sporák

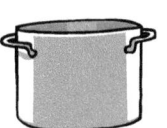

olla

hrnec

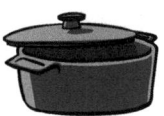

olla de hierro fundido

litinový hrnec

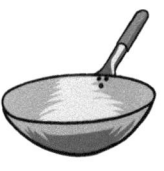

wok / karahi

wok / kadai

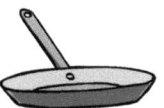

cazuela

pánev

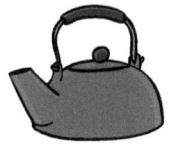

hervidor

varná konvice

vaporera

parní hrnec

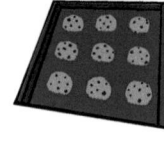

chapa de horno

plech na pečení

vajilla

nádobí

taza

hrnek

tazón

miska

palillos

jídelní hůlky

cucharón

naběračka

espumadera

obracečka

batidor

metla

colador

síto

cedazo

cedník

rallador

struhadlo

mortero

hmoždíř

barbacoa

gril

hoguera

ohniště

cocina - kuchyně

tabla de picar

prkénko na krájení

rodillo

váleček na těsto

sacacorchos

vývrtka

lata

dóza

abrelatas

otvírák na konzervy

agarrador

chňapka

lavabo

umyvadlo

cepillo

kartáč na nádobí

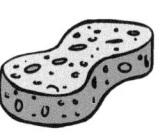

esponja

houba

batidora

mixér

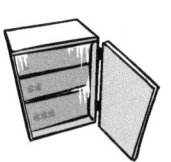

congelador

mrazák

biberón

dětská lahev

grifo

kohoutek

cuarto de baño
koupelna

calefacción
topení
ducha
sprcha
toalla
ručník
cortina de la ducha
sprchový závěs
baño de espuma
pěnová koupel
bañera
vana
vaso
sklenička
lavadora
pračka
grifo
kohoutek
baldosas
obkladačky
orinal
nočník
lavabo
umyvadlo

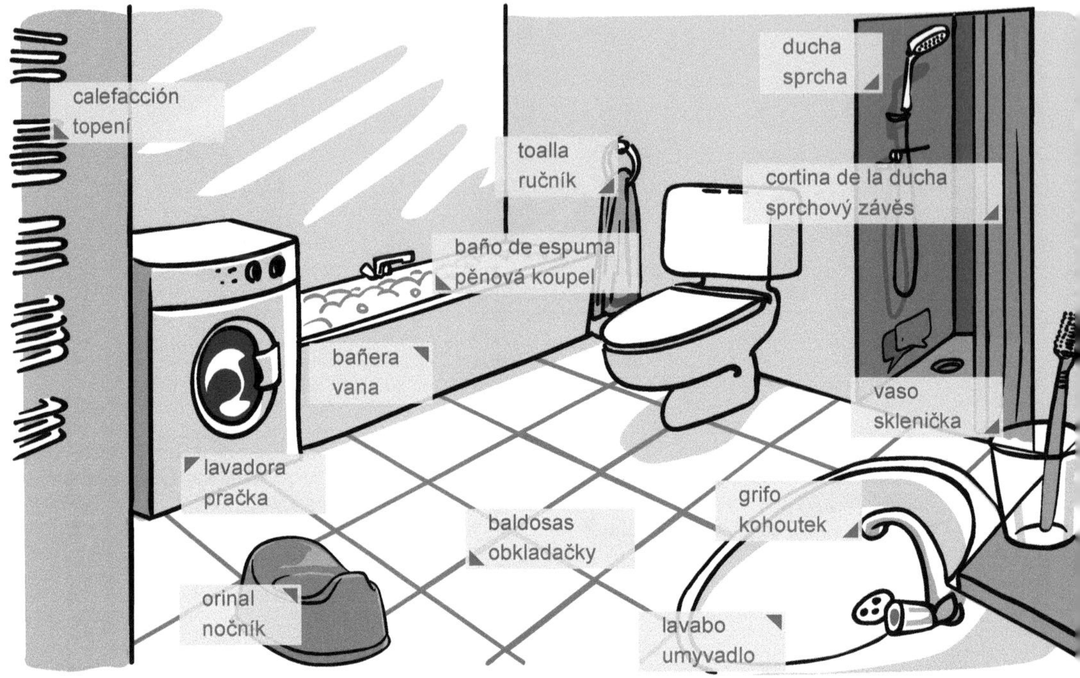

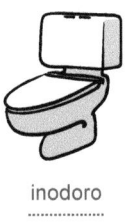

inodoro
záchod

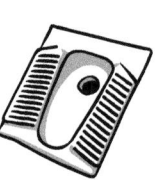

inodoro rústico
turecký záchod

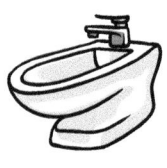

bidé
bidet

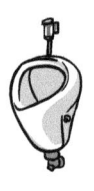

urinario
pisoár

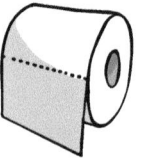

papel higiénico
toaletní papír

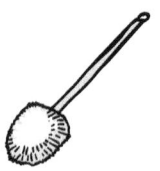

escobilla del váter
záchodová štětka

cepillo de dientes

zubní kartáček

pasta de dientes

zubní pasta

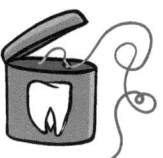

hilo dental

zubní niť

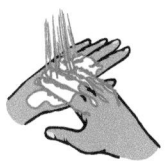

lavar

mýt

ducha de mano

ruční sprcha

ducha íntima

intimní sprcha

pila

umyvadlo

cepillo de espalda

kartáč na záda

jabón

mýdlo

gel de ducha

sprchový gel

champú

šampón

toallita

žínka

desagüe

odpad

crema

krém

desodorante

deodorant

espejo

zrcadlo

espejo de tocador

kosmetické zrcátko

maquinilla de afeitar

holicí strojek

espuma de afeitar

pěna na holení

loción postafeitado

voda po holení

peine

hřeben

cepillo

kartáč

secador

fén

laca

lak na vlasy

maquillaje

makeup

pintalabios

rtěnka

pintauñas

lak na nehty

algodón

vata

cortauñas

nůžky na nehty

perfume

parfém

estuche de viaje

aška s toaletními potřebami

banqueta

stolička

balanza

váha

albornoz

župan

guantes de goma

gumové rukavice

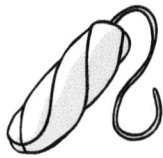

tampón

tampón

compresa

dámská vložka

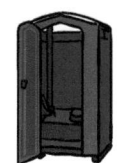

inodoro químico

chemická toaleta

habitación de los niños
dětský pokoj

despertador
budík
peluche
plyšová hračka
coche de juguete
autíčko
sonajero
chrastítko
casa de muñecas
domeček pro panenky
regalo
dárek

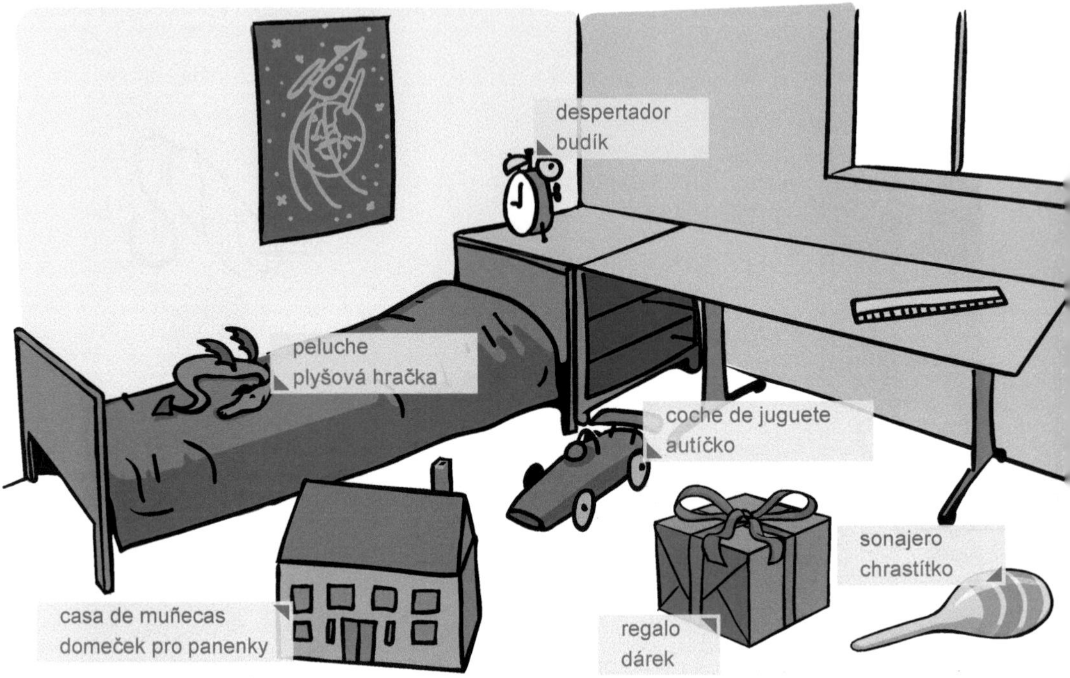

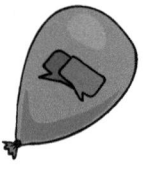

globo
balón

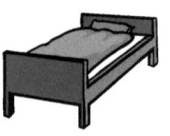

cama
postel

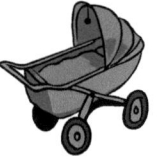

coche de niño
kočárek

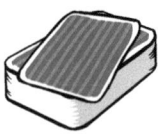

naipes
balíček karet

puzle
puzzle

SUPER
MEGA

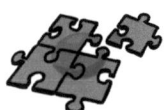

tebeo
komiks

piezas de lego

lego kostky

bloques de juguete

stavebnice

figura de acción

akční figurka

bodi (de bebé)

dupačky

frisbee

frisbee

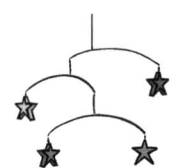

colgador móvil para bebés

závěsné hračky nad postýlku

juego de mesa

desková hra

dados

kostky

circuito de tren eléctrico

modelová železnice

maniquí

dudlík

fiesta

oslava

álbum de fotos

obrázková kniha

pelota

míč

muñeca

panenka

jugar

hrát si

cajón de arena

pískoviště

columpio

houpačka

juguetes

hračky

videoconsola

hrací konzole

triciclo

tříkolka

oso de peluche

medvídek

guardarropa

šatník

ropa

oblečení

calcetines

ponožky

medias

punčochy

leotardos

punčochové kalhoty

bufanda
šála

cinturón
pásek

paraguas
deštník

camiseta
tričko

botas
kozačky

deportivas
tenisky

zapatillas
domácí obuv

sandalias	zapatos	botas de goma
sandály	obuv	holínky

slip	sostén	chaleco
spodní prádlo	podprsenka	nátělník

bodi

body

pantalones

kalhoty

vaqueros

džíny

falda

sukně

blusa

blůza

camisa

košile

jersey

svetr

suéter

mikina

blazer

blejzr

chaqueta

bunda

abrigo

kabát

gabardina

pláštěnka

traje

kostým

vestido

šaty

vestido de novia

svatební šaty

traje
oblek

camisón
noční košile

pijama
pyžamo

sari
sárí

bandana
šátek na hlavu

turbante
turban

burka
burka

caftán
kaftan

abaya
abája

traje de baño
plavky

bañador
pánské plavky

pantalones cortos
kraťasy

chándal
tepláková souprava

delantal
zástěra

guantes
rukavice

botón

knoflík

gafas

brýle

brazalete

náramek

collar

náhrdelník

anillo

prsten

pendiente

náušnice

gorra

čepice

percha

ramínko

sombrero

klobouk

corbata

kravata

cremallera

zip

casco

helma

tirantes

kšandy

uniforme escolar

školní uniforma

uniforme

uniforma

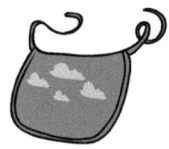

babero

bryndák

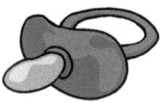

maniquí

dudlík

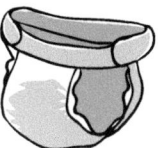

pañal

plena

oficina
kancelář

servidor
server
archivo
kartotéka
impresora
tiskárna
papel
papír
monitor
monitor
ratón
myš
escritorio
psací stůl
carpeta
šanon
teclado
klávesnice
papelera
odpadkový koš na papír
ordenador
počítač
silla
židle

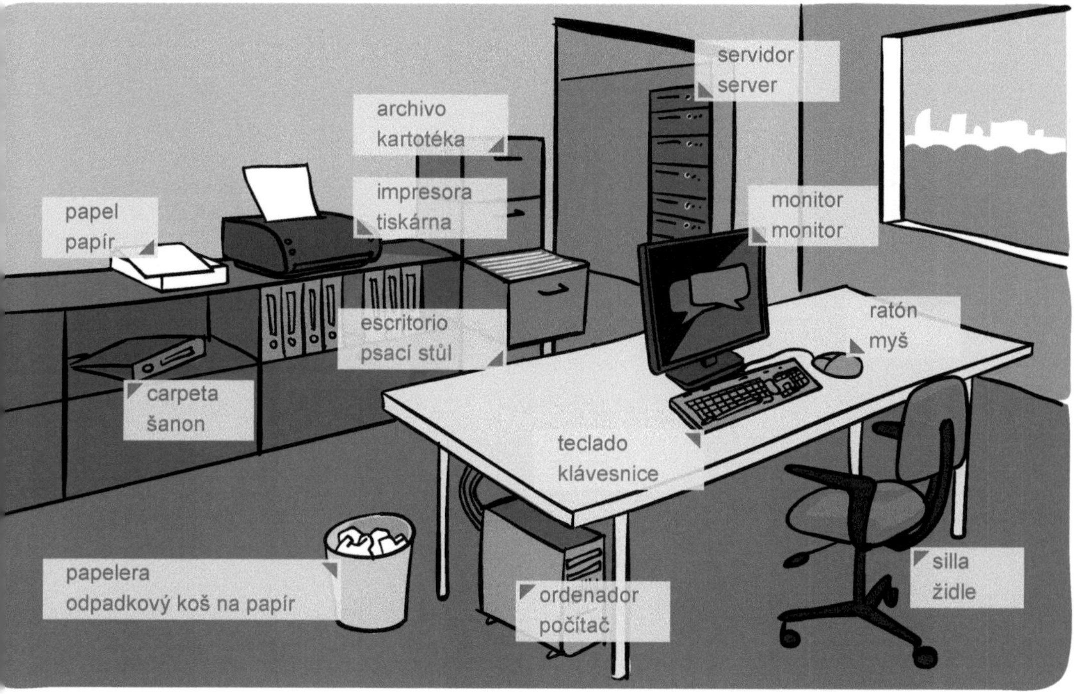

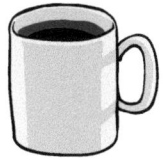

taza de café

hrnek na kávu

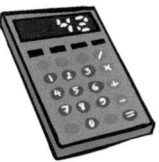

calculadora

kalkulačka

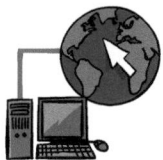

internet

internet

	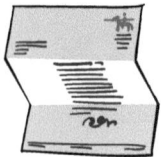	
portátil	carta	mensaje
notebook	dopis	zpráva

móvil	red	fotocopiadora
mobil	síť	kopírka

software	teléfono	toma de corriente
software	telefon	zásuvka
	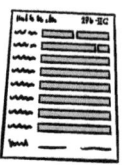	
fax	formulario	documento
fax	formulář	dokument

comprar

nakupovat

pagar

zaplatit

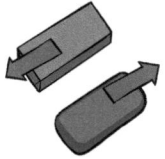

comerciar

jednat

dinero

peníze

dólar

dolar

euro

euro

yen

jen

rublo

rubl

franco suizo

frank

renminbi yuan

juan

rupia

rupie

cajero automático

bankomat

oficina de cambio de divisas

směnárna

oro

zlato

plata

stříbro

petróleo

olej

energía

energie

precio

cena

contrato

smlouva

impuesto

daň

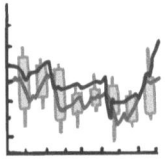

acción

akcie

trabajar

pracovat

empleado

zaměstnanec

empleador

zaměstnavatel

fábrica

továrna

tienda

obchod

economía - hospodářství

oficios
povolání

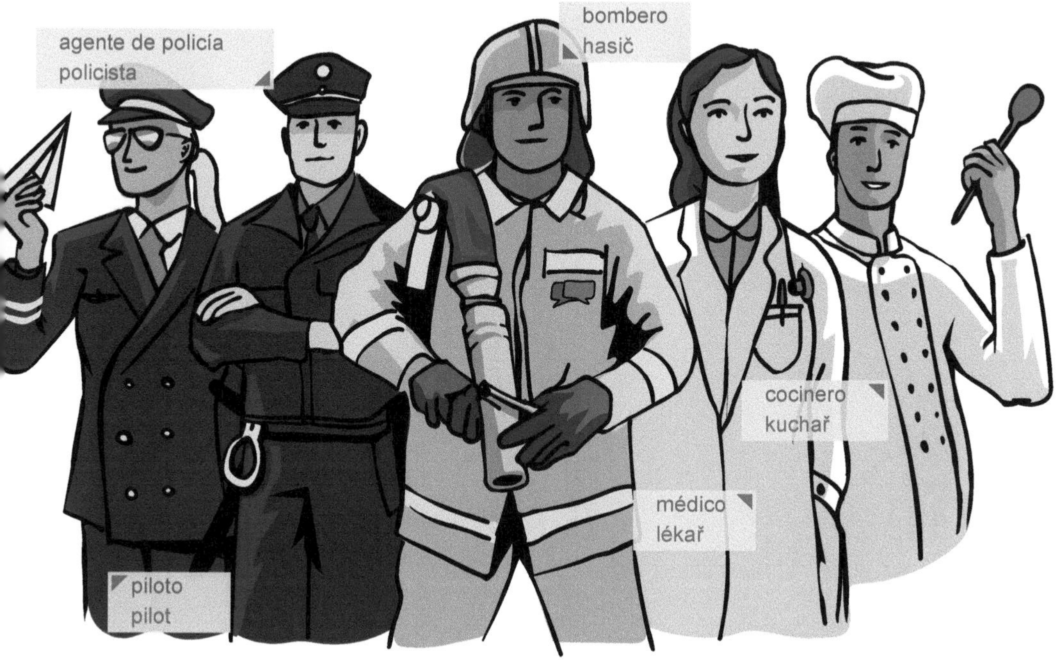

agente de policía
policista
bombero
hasič
cocinero
kuchař
médico
lékař
piloto
pilot

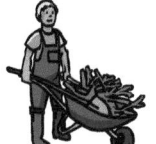

jardinero

zahradník

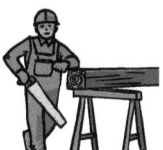

carpintero

truhlář

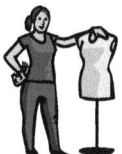

costurera

švadlena

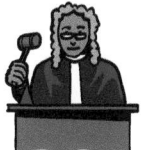

juez

soudce

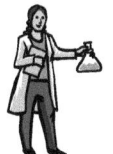

farmacéutico

chemik

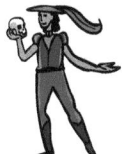

actor

herec

conductor de autobús

řidič autobusu

taxista

řidič taxi

pescador

rybář

señora de la limpieza

uklízečka

techador

pokrývač

camarero

číšník

cazador

myslivec

pintor

malíř

panadero

pekař

electricista

elektrikář

obrero

stavební dělník

ingeniero

inženýr

carnicero

řezník

fontanero

klempíř

cartero

listonoš

oficios - povolání

soldado

voj... ....

voják

arquitecto

architekt

cajero

pokladní

florista

florista

peluquero

kadeřník

revisor

průvodčí

mecánico

mechanik

capitán

kapitán

dentista

zubař

científico

vědec

rabino

rabín

imán

imám

monje

mnich

sacerdote

duchovní

herramientas
nářadí

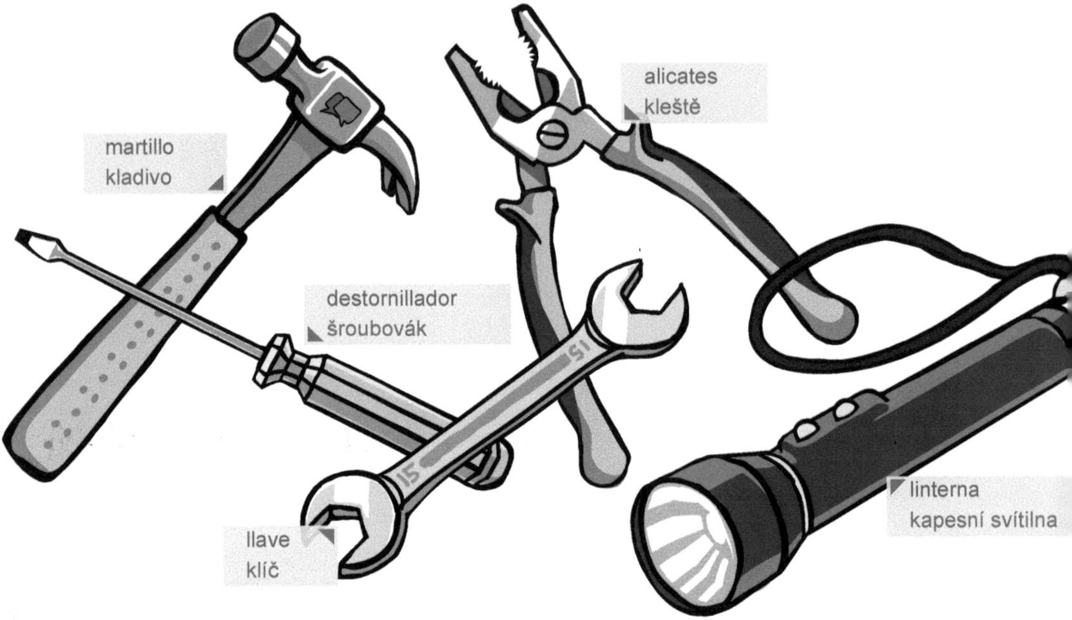
martillo
kladivo
alicates
kleště
destornillador
šroubovák
llave
klíč
linterna
kapesní svítilna

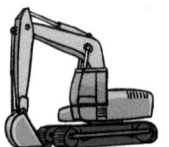

excavadora

bagr

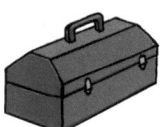

caja de herramientas

skříň na nářadí

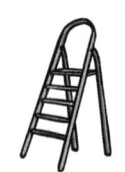

escalera de mano

žebřík

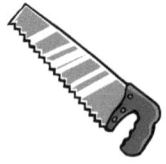

sierra

pila

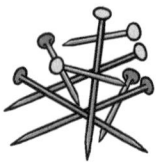

clavos

hřebíky

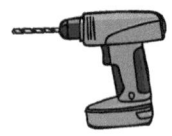

taladro

vrtačka

reparar
opravit

pala
lopata

¡Maldita sea!
Kurva!

recogedor
lopatka

bote de pintura
vědroé na barvu

tornillos
šrouby

instrumentos musicales
hudební nástroje

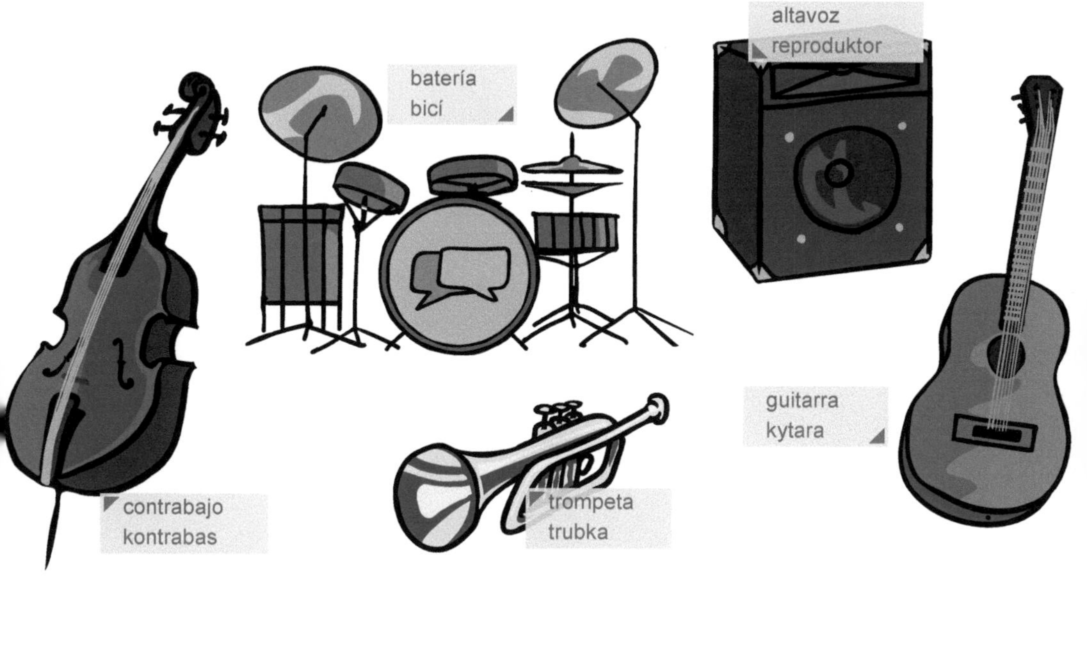

batería
bicí

altavoz
reproduktor

contrabajo
kontrabas

trompeta
trubka

guitarra
kytara

piano

klavír

violín

housle

bajo

basa

timbales

tympán

tambor

bubny

teclado

keyboard

saxofón

saxofon

flauta

flétna

micrófono

mikrofon

ZOO

ZOO

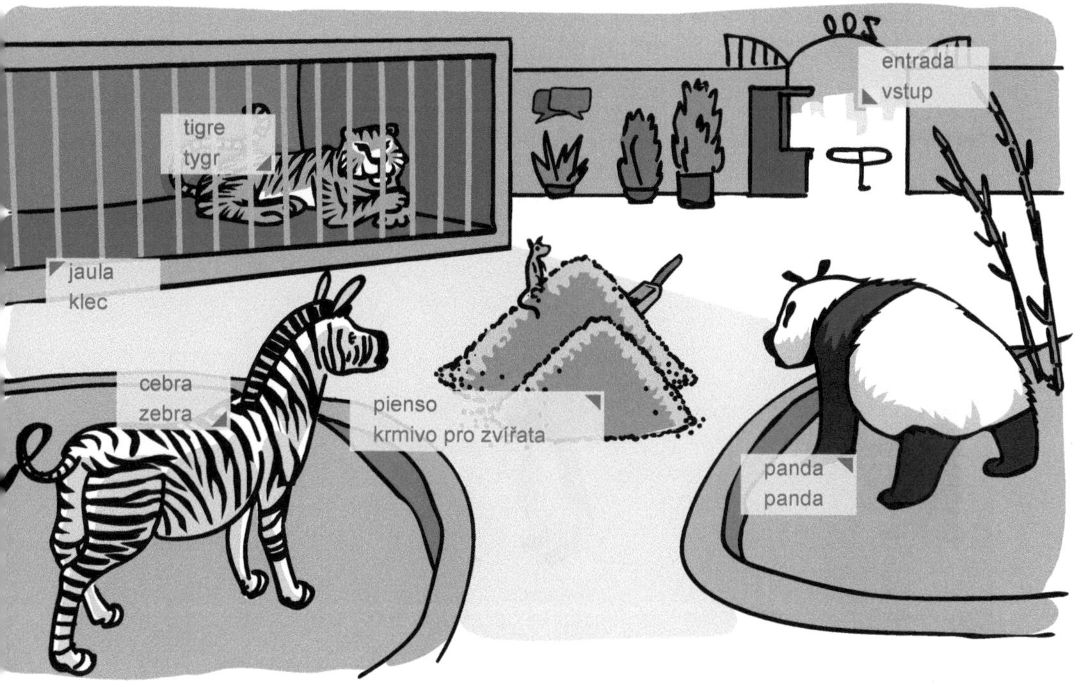

tigre
tygr
entrada
vstup
jaula
klec
cebra
zebra
pienso
krmivo pro zvířata
panda
panda

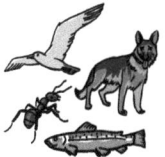

animales

zvířata

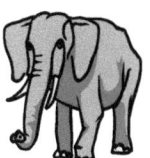

elefante

slon

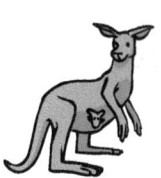

canguro

klokan

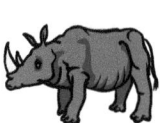

rinoceronte

nosorožec

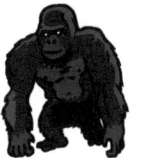

gorila

gorila

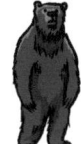

oso

medvěd

camello

velbloud

avestruz

pštros

león

lev

mono

opice

flamingo

plameňák

loro

papoušek

oso polar

lední medvěd

pingüino

tučňák

tiburón

žralok

pavo real

páv

serpiente

had

cocodrilo

krokodýl

guardián de zoológico

ošetřovatel zvířat

foca

tuleň

jaguar

jaguár

poni
poník

leopardo
leopard

hipopótamo
hroch

jirafa
žirafa

águila
orel

jabalí
divoké prase

pescado
ryby

tortuga
želva

morsa
mrož

zorro
liška

gacela
gazela

fútbol americano
americký fotbal

ciclismo
cyklistika

tenis
tenis

baloncesto
košíková

natación
plavání

boxeo
box

hockey sobre hielo
lední hokej

fútbol
kopaná

bádminton
badminton

atletismo
lehká atletika

balonmano
házená

esquí
běh na lyžích

polo
vodní pólo

actividades
aktivity

reír
smát se
saltar
skočit
abrazar
objímat
caminar
jít
cantar
zpívat
soñar
snít
rezar
modlit se
besar
políbit

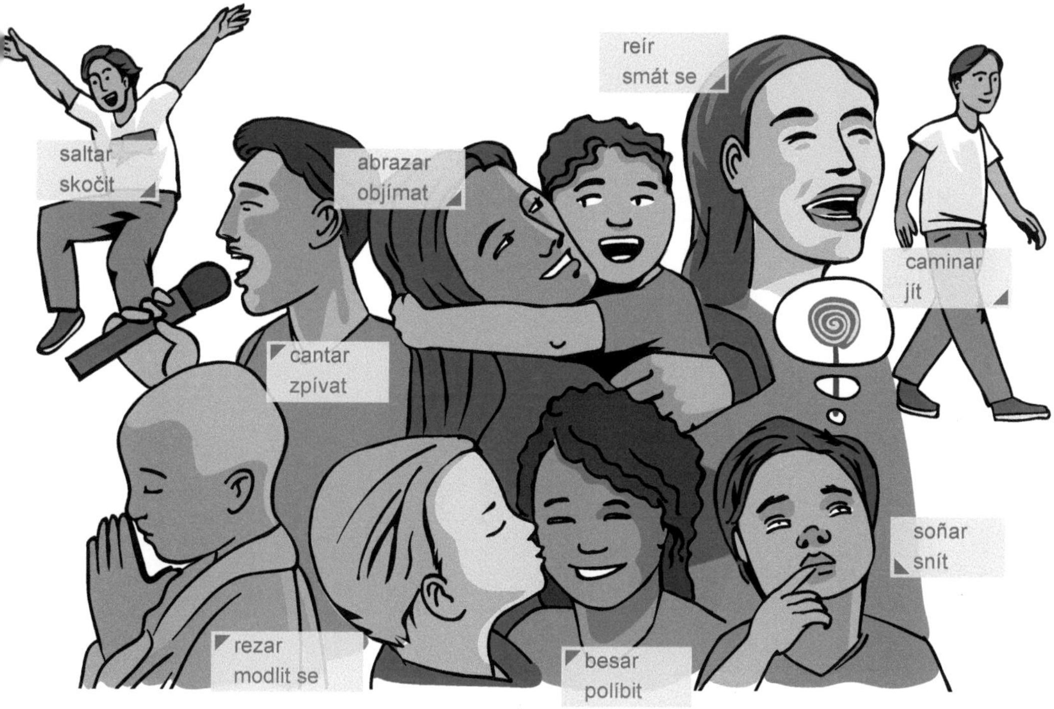

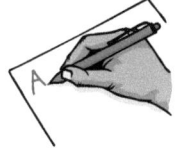

escribir

psát

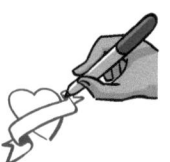

dibujar

kreslit

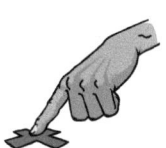

mostrar

ukazovat

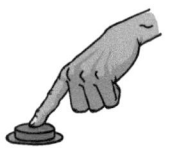

empujar

tlačit

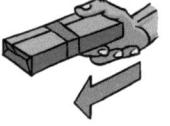

dar

dát

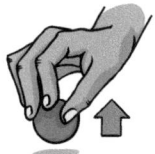

tomar

vzít si

tener

mít

hacer

dělat

ser

být

estar de pie

stát

correr

běhat

tirar

táhnout

tirar

hodit

caer

padat

yacer

ležet

esperar

čekat

llevar

nosit

estar sentado

sedět

vestirse

oblékat

dormir

spát

despertar

vzbudit se

mirar

prohlédnout si

llorar

plakat

acariciar

pohladit

peinar

česat

hablar

hovořit

entender

rozumět

preguntar

ptát se

escuchar

slyšet

beber

pít

comer

jíst

ordenar

uklidit

amar

milovat

cocinar

vařit

conducir

jet

volar

letět

navegar

plachtit

calcular

počítat

leer

číst

aprender

učit se

trabajar

pracovat

casarse

vzít si

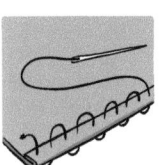

coser

šít

cepillarse los dientes

čistit si zuby

matar

zabít

fumar

kouřit

enviar

poslat

familia
rodina

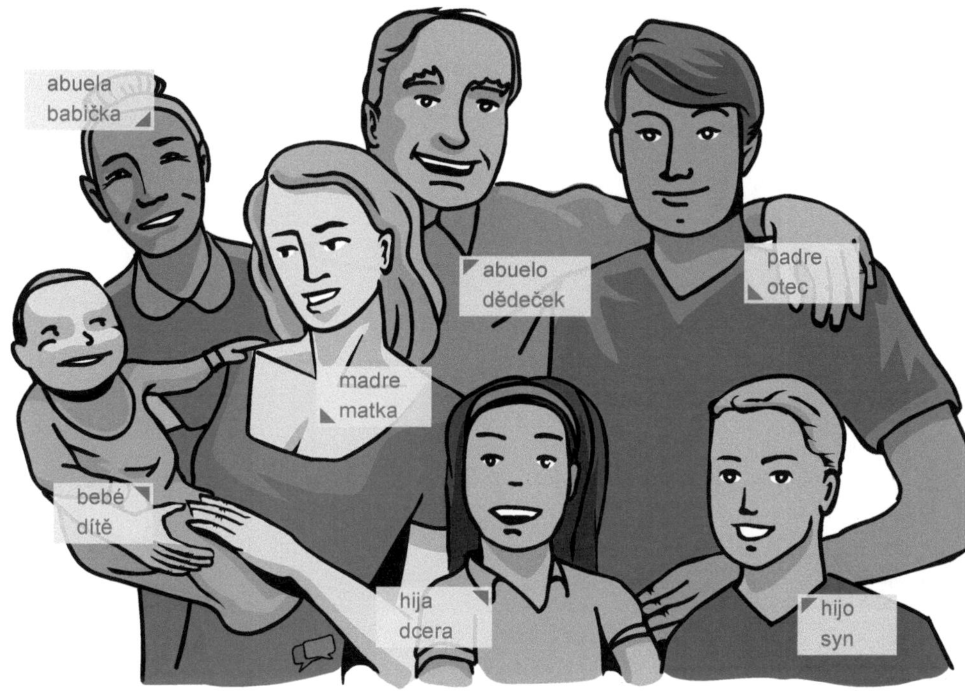
abuela
babička
abuelo
dědeček
padre
otec
madre
matka
bebé
dítě
hija
dcera
hijo
syn

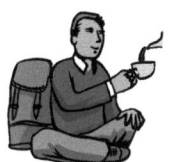

invitado

host

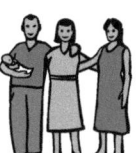

tía

teta

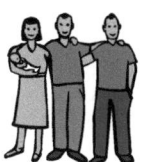

tío

strýc

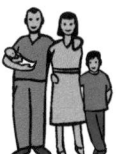

hermano

bratr

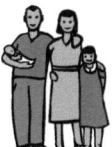

hermana

sestra

cuerpo
tělo

frente
čelo
ojo
oko
hombro
rameno
dedo
prst
cara
obličej
barbilla
brada
mano
ruka
pierna
dolní končetina
pecho
hruď
brazo
paže

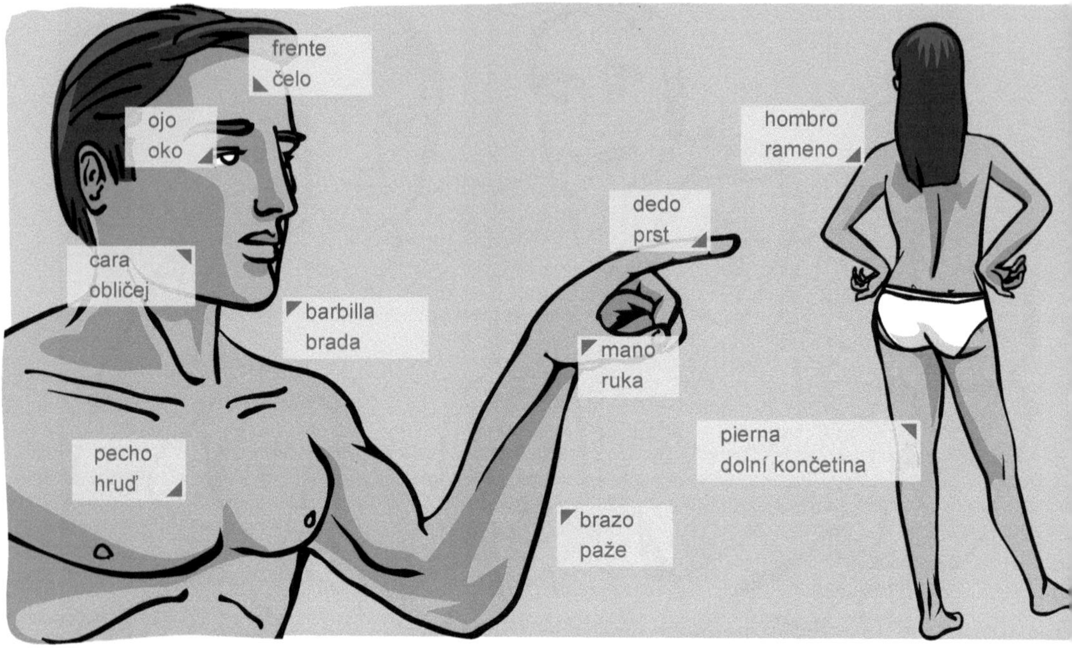

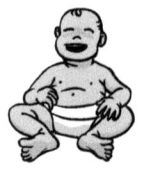

bebé

dítě

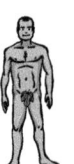

hombre

muž

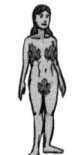

mujer

žena

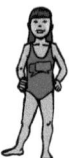

chica

dívka

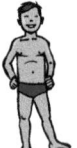

chico

chlapec

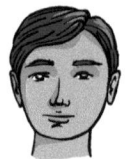

cabeza

hlava

espalda

záda

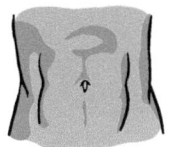

vientre

břicho

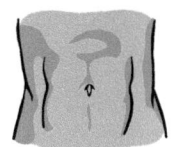

ombligo

pupík

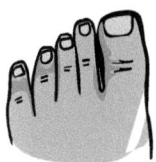

dedo del pie

prst na noze

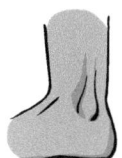

talón

pata

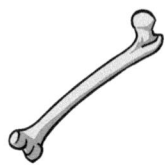

hueso

kost

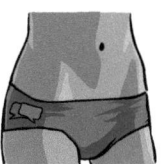

cadera

bok

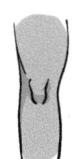

rodilla

koleno

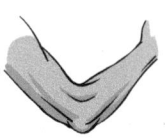

codo

loket

nariz

nos

trasero

zadek

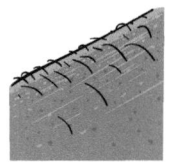

piel

kůže

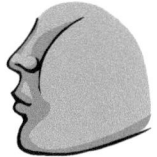

mejilla

tvář

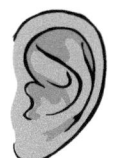

oído

ucho

labio

ret

boca

ústa

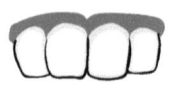

diente

zub

lengua

jazyk

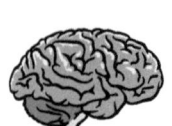

cerebro

mozek

corazón

srdce

músculo

sval

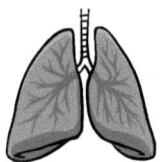

pulmón

plíce

hígado

játra

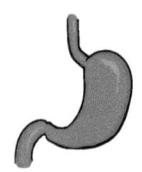

estómago

žaludek

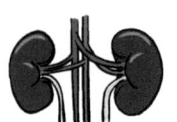

riñones

ledviny

sexo

pohlavní styk

condón

kondom

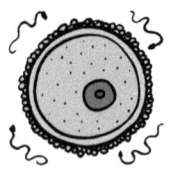

ovario

vajíčko

semen

sperma

embarazo

těhotenství

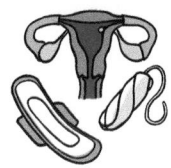

menstruación

menstruace

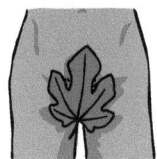

vagina

vagina

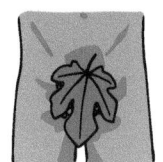

pene

penis

ceja

obočí

pelo

vlasy

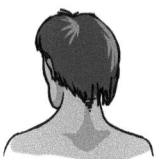

cuello

krk

hospital
nemocnice

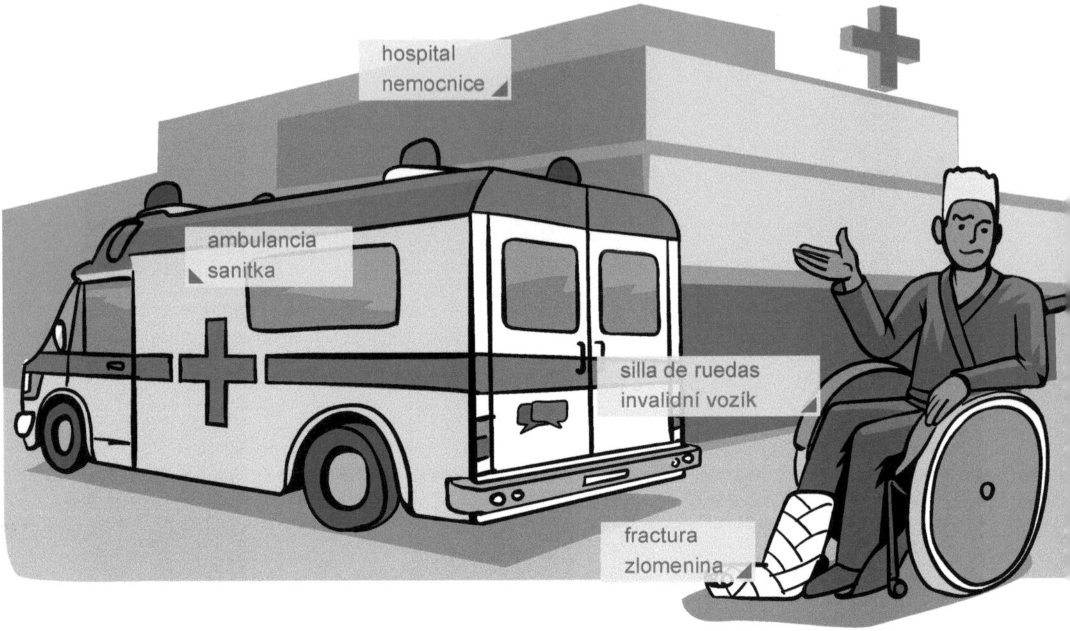

hospital
nemocnice
ambulancia
sanitka
silla de ruedas
invalidní vozík
fractura
zlomenina

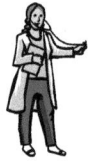

médico

lékař

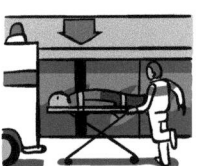

sala de urgencias

pohotovost

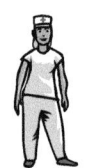

enfermera

zdravotní sestra

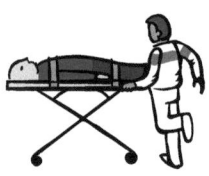

urgencia

urgentní případ

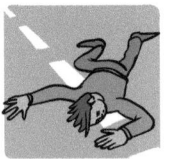

inconsciente

v bezvědomí

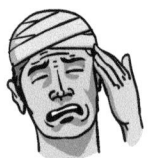

dolor

bolest

lesión

úraz

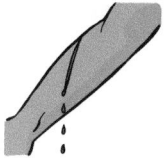

hemorragia

krvácení

infarto

infarkt myokardu

ictus

cévní mozková příhoda

alergia

alergie

tos

kašel

fiebre

horečka

gripe

chřipka

diarrea

průjem

dolor de cabeza

bolest hlavy

cáncer

rakovina

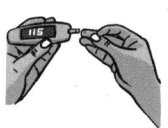

diabetes

cukrovka

cirujano

chirurg

bisturí

skalpel

operación

operace

TAC
CT

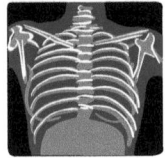

rayos x
rentgen

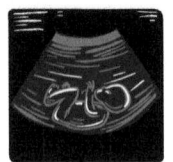

ultrasonido
ultrazvuk

mascarilla
maska

enfermedad
nemoc

sala de espera
čekárna

muleta
berle

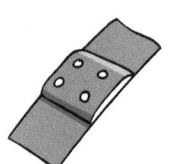

tirita
náplast

venda
obvaz

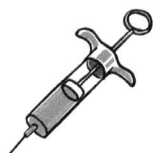

inyección
injekce

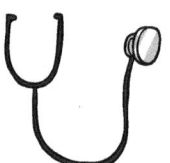

estetoscopio
stetoskop

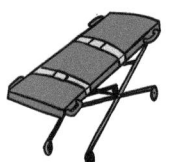

camilla
nosítka

termómetro
teploměr

nacimiento
porod

sobrepeso
nadváha

audífono

naslouchátko

desinfectante

dezinfekční prostředek

infección

infekce

virus

virus

VIH / SIDA

HIV / AIDS

medicina

lékařství

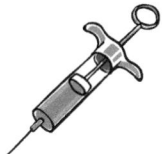

vacunación

očkování

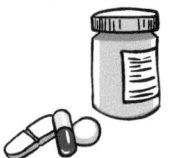

tabletas

tablety

pastilla

pilulka

llamada de urgencia

tísňové volání

tensiómetro

tonometr

enfermo / sano

nemocný / zdravý

¡Socorro!

Pomoc!

alarma

poplach

asalto

přepadení

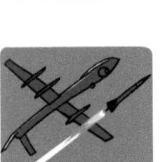

ataque

napadení

peligro

nebezpečí

salida de emergencia

nouzový východ

¡Fuego!

Hoří!

extintor de incendios

hasicí přístroj

accidente

nehoda

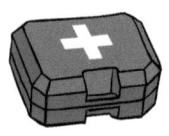

botiquín de primeros
auxilios
zdravotnická brašna

SOS

SOS

policía

policie

Europa

Evropa

Norteamérica

Severní Amerika

Sudamérica

Jižní Amerika

África

Afrika

Asia

Asie

Australia

Austrálie

Atlántico

Atlantik

Pacífico

Pacifik

Océano Índico

Indický oceán

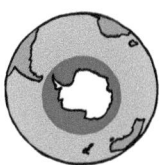

Océano Antártico

Jižní ledový oceán

Océano Ártico

Severní ledový oceán

polo norte

severní pól

polo sur

jižní pól

Antártida

Antarktida

tierra

země

tierra

pevnina

mar

moře

isla

ostrov

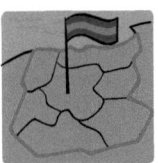

nación

národ

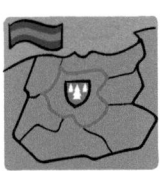

estado

stát

esfera

ciferník

manecilla de las horas

hodinová ručička

minutero

minutová ručička

segundero

vteřinová ručička

¿Qué hora es?

Kolik je hodin?

día

den

tiempo

čas

ahora

teď

reloj digital

digitální hodinky

minuto

minuta

hora

hodina

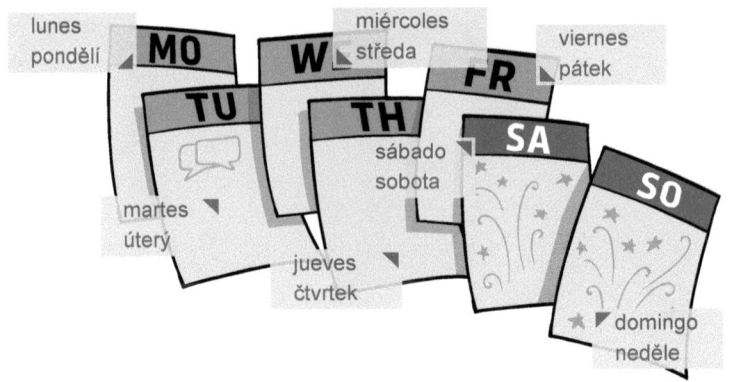

lunes
pondělí
MO

W miércoles
středa

viernes
pátek
FR

TU
martes
úterý

TH sábado
sobota
jueves
čtvrtek

SA

SO domingo
neděle

ayer

včera

hoy

dnes

mañana

zítra

mañana

ráno

mediodía

poledne

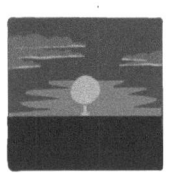

tarde

večer

MO	TU	WE	TH	FR	SA	SU
1	2	3	4	5	6	7
8	9	10	11	12	13	14
15	16	17	18	19	20	21
22	23	24	25	26	27	28
29	30	31	1	2	3	4

días laborables

pracovní dny

MO	TU	WE	TH	FR	SA	SU
1	2	3	4	5	6	7
8	9	10	11	12	13	14
15	16	17	18	19	20	21
22	23	24	25	26	27	28
29	30	31	1	2	3	4

fin de semana

víkend

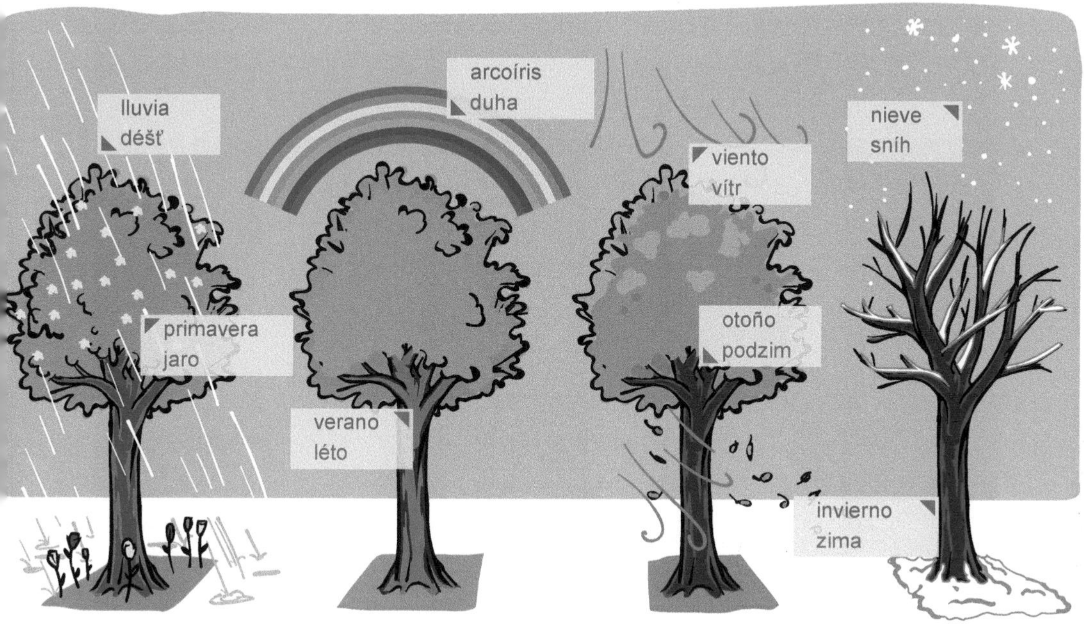
lluvia
déšť
arcoíris
duha
viento
vítr
nieve
sníh
primavera
jaro
otoño
podzim
verano
léto
invierno
zima

4.APRIL 11°
5.APRIL 4°
6.APRIL 13°
7.APRIL 8°
8.APRIL 10°

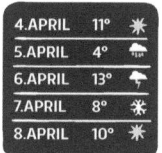

pronóstico del tiempo

předpověď počasí

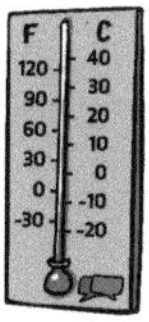

termómetro

teploměr

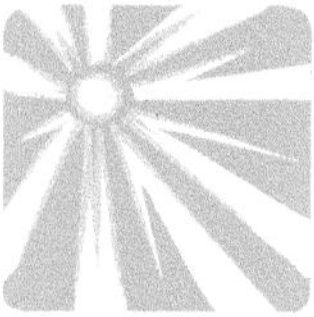

sol

sluneční svit

nube

mrak

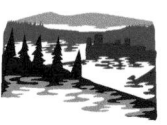

niebla

mlha

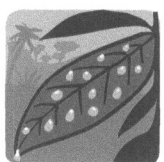

humedad

vlhkost

rayo
blesk

trueno
hrom

tormenta
bouřka

granizo
kroupy

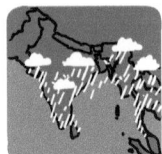

monzón
monzun

inundación
povodeň

hielo
led

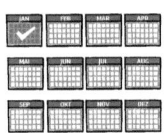

enero
leden

febrero
únor

marzo
březen

abril
duben

mayo
květen

junio
červen

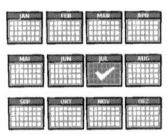

julio
červenec

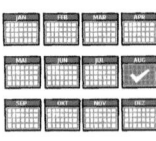

agosto
srpen

año - rok

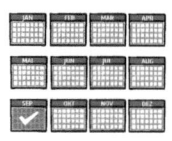

septiembre
....
září

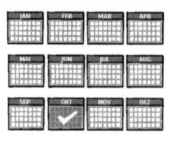

octubre
....
říjen

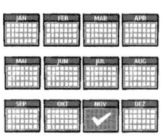

noviembre
....
listopad

diciembre
....
prosinec

círculo
....
kruh

cuadrado
....
čtverec

rectángulo
....
obdélník

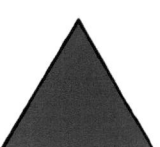

triángulo
....
trojúhelník

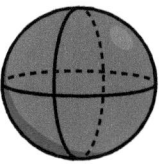

esfera
....
koule

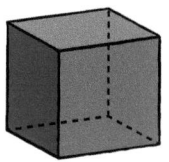

cubo
....
krychle

colores
barvy

blanco
....
bílá

amarillo
....
žlutá

anaranjado
....
oranžová

rosa
....
růžová

rojo
....
červená

morado
....
fialová

azul
....
modrá

verde
....
zelená

marrón
....
hnědá

gris
....
šedá

negro
....
černá

mucho / poco

hodně / málo

enojado / tranquilo

rozzuřený / mírumilovný

bonito / feo

krásný / ošklivý

principio / fin

začátek / konec

grande / pequeño

velký / malý

claro / oscuro

světlý / tmavý

hermano / hermana

bratr / sestra

limpio / sucio

čistý / špinavý

completo / incompleto

úplný / neúplný

día / noche

den / noc

muerto / vivo

mrtvý / živý

ancho / estrecho

široký / úzký

comestible / no comestible

jedlý / nejedlý

malo / amable

zlý / hodný

entusiasmado / aburrido

vzrušený / znuděný

gordo / delgado

tlustý / hubený

primero / último

nejdříve / naposledy

amigo / enemigo

přítel / nepřítel

lleno / vacío

plný / prázdný

duro / blando

tvrdý / měkký

pesado / ligero

těžký / lehký

hambre / sed

hlad / žízeň

enfermo / sano

nemocný / zdravý

ilegal / legal

ilegální / legální

inteligente / tonto

inteligentní / hloupý

izquierda / derecha

vlevo / vpravo

cerca / lejos

blízko / daleko

nuevo / usado

nový / použitý

nada / algo

nic / něco

viejo / joven

starý / mladý

encendido / apagado

zapnutý / vypnutý

abierto / cerrado

otevřeno / zavřeno

silencioso / ruidoso

tichý / hlasitý

rico / pobre

bohatý / chudý

correcto / incorrecto

správný / špatný

áspero / suave

drsný / hladký

triste / contento

smutný / šťastný

corto / largo

krátký / dlouhý

lento / rápido

pomalý / rychlý

húmedo / seco

vlhký / suchý

cálido / frío

teplý / chladný

guerra / paz

válka / mír

0	**1**	**2**
cero	uno	dos
nula	jedna	dva

3	**4**	**5**
tres	cuatro	cinco
tři	čtyři	pět

6	**7**	**8**
seis	siete	ocho
šest	sedm	osm

9	**10**	**11**
nueve	diez	once
devět	deset	jedenáct

12

doce

dvanáct

13

trece

třináct

14

catorce

čtrnáct

15

quince

patnáct

16

dieciséis

šestnáct

17

diecisiete

sedmnáct

18

dieciocho

osmnáct

19

diecinueve

devatenáct

20

veinte

dvacet

100

cien

sto

1.000

mil

tisíc

1.000.000

millón

milion

inglés
anglictina

inglés americano
americká anglictina

chino mandarín
standardní čínština

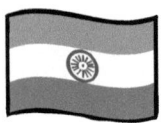

hindi
hindština

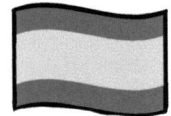

español
španělština

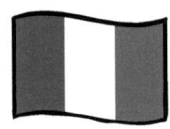

francés
francouzština

árabe
arabština

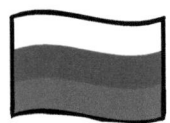

ruso
ruština

portugués
portugalština

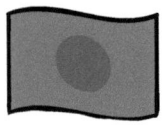

bengalí
bengálština

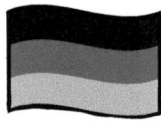

alemán
němčina

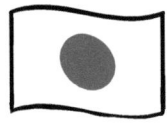

japonés
japonština

yo

já

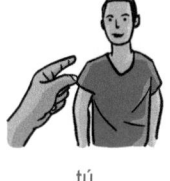

tú

ty

él / ella / ello

on / ona / ono

nosotros/as

my

vosotros/as

vy

ellos/as

oni

¿quién?

Kdo?

¿qué?

Co?

¿cómo?

Jak?

¿dónde?

Kde?

¿cuándo?

Kdy?

nombre

jméno

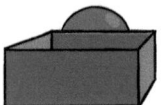

detrás

za

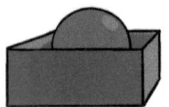

en

do

delante de

z

por encima de

nad

sobre

na

debajo de

mezi

junto a

vedle

entre

mezi

lugar

místo